I0435908

69 hommes politiques français le nez dans leurs indisponibles

Édition : le scandale d'une loi pour les éditeurs versant hommes politiques estampillés écrivains

4

Félix Faure-Midable

69 hommes politiques français le nez dans leurs indisponibles

Édition : le scandale d'une loi pour les éditeurs
versant hommes politiques estampillés écrivains

Sortie numérique : 11 avril 2012

Jean-Luc PETIT Editeur - collection FFM

L'éditeur
versant lotois :

http://www.lotois.fr

Tout simplement et logiquement !

Site officiel : http://www.ecrivain.pro

69 hommes politiques français le nez dans leurs indisponibles

Présentation

Ce fut une contrepartie secrète ? Ou les éditeurs savent renvoyer l'ascenseur de manière naturelle ?...

Les femmes et les hommes politiques de ce pays, les parlementaires et les gouvernements, de gauche comme de droite, ont décidé de permettre aux éditeurs d'obtenir facilement les droits numériques des livres publiés au vingtième siècle.

Ces droits appartenaient totalement aux auteurs. Pour les conserver ils doivent réagir sous six mois, s'astreindre à des formalités. Intolérable.

La loi 2012-287 fut votée sous la présidence de Nicolas Sarkozy, François Fillon Premier Ministre, Frédéric Mitterrand, ministre de la Culture.
Le décret 2013-182 fut signé le 27 février 2013 par Jean-Marc Ayrault, Premier ministre, et Aurélie Filippetti, ministre de la culture, présidence de François Hollande.

Il existe "une première base" intitulée "Relire"
http://relire.bnf.fr
Avec 60 000 titres sur un total estimé à 500 000.
La constitution de cette première base aurait déjà coûté 124999 euros, versés à Electre... Le gouffre financier (et le

résultat de la numérisation pourrait susciter bien des controverses et indignations) sera sûrement pire que le modeste capital qu'a reconnu avoir passé discrètement en Suisse monsieur Cahuzac. Bagatelle ! L'important semble bien être que les éditeurs récupèrent des droits. Quant aux auteurs, ils risquent d'attendre longtemps avec d'obtenir quelques miettes...

Ces 60 000 œuvres dont l'éditeur abandonna l'exploitation en papier, offrent un aperçu de la qualité générale. Des sommes astronomiques sont et seront déversées, quand les écrivains doivent vivre de bouts de ficelles.

Certains s'interrogent sur la réalisation de cette première base. Y aurait-il eu des souhaits discrètement émis par des éditeurs ? Y aurait-il eu d'autres manœuvres ?

En consultant cette base, de nombreuses personnalités apparaissent. Elles n'y resteront pas forcément. D'où l'urgence de montrer... Voyez !

Fabuleuse pêche ! Avec parmi les indisponibles 2013 : Frédéric Mitterrand ! Jean-Marc Ayrault, son petit livre de 71 pages, publié en 1995 chez Siloë, dans une collection "magistralement" intitulée "*De circonstance.*" Il s'agit bien du même, le premier Ministre. Même si ce livre ne figure même pas dans sa page wikipédia qui serait la bible du savoir !
Les liens de la Bnf fournissent : député-maire de Nantes (en 1990) né le 25 janvier 1950.
Il côtoie dans cette merveilleuse bibliothèque idéale d'éminents hommes passés à Matignon : Lionel Jospin

(pourtant édité chez la même grande maison du groupe Lagardère qu'Aurélie F.), Alain Juppé, Édouard Balladur avec une abondante production (quinze de ses ministres de 1986-1988 l'accompagnent dans cette liste, ce qui n'est pas exceptionnel, le gouvernement précédent, socialiste, grimpe à dix-huit avec de grands écrivains comme Bernard Tapie, Bernard Kouchner ou Jean-Michel Baylet), Michel Rocard, Jacques Chirac, Pierre Mauroy, Raymond Barre (qui plus prolixe préfacier), Pierre Messmer, Jacques Chaban-Delmas, Maurice Couve de Murville

Sans compter les préfaces, 31 livres de Premiers Ministres. L'un fut également président.

Des titres peuvent laisser songeur : *C'est ici le chemin, À l'épreuve des faits, Je crois en l'Homme plus qu'en l'État, L'avenir de la différence, Propositions pour sortir de la crise, À gauche.*

François Mitterrand y est également répertorié en qualité d'auteur. Mais il s'agit par exemple de "*Pensées, répliques et anecdotes*" choisies et présentées par Michel Charasse ou "*Les mots de François Mitterrand*" par Patrice de Méritens. Ce qui ne me semble pas devoir être considéré comme une œuvre du premier Président prétendu socialiste de la cinquième République mais peut témoigner d'une volonté de retenir tout ce qui touche aux hommes (et quelques femmes) politiques dans ce pays. Comment furent choisis ces premiers 60 000 livres ? Des éditeurs auraient-ils pu signaler qu'il existerait un marché (les bibliothèques par exemple) pour tout ce qui fut signé (je n'ai pas noté écrit) par d'illustres élus ? Ainsi figurent 25 documents lors d'une recherche "Charles de Gaulle." Mais à part Jacques Chirac, pour retrouver un président vraiment indisponible, il faut remonter à la quatrième République, Vincent Auriol (président de 1947 à 1954).

Nul doute qu'ensuite les bibliothèques et médiathèques seront priées (ou comprendront qu'elle doivent) d'acquérir ces œuvres. Ce qui fera de l'argent aux éditeurs et un peu aux politiques.

Pourquoi 69 ? Je pourrais vous répondre "devinez !" Mais voyons : ce chiffre me semble caractériser les relations entre les éditeurs traditionnels et les hommes politiques traditionnels.

Informations glanées début avril 2013 sur http://relire.bnf.fr

Il ne fait aucun doute : il existe bien des liens entre les hommes politiques et les éditeurs. J'avais déjà cru le comprendre en lisant les textes de lois qu'on nous impose. Ecrivains, réveillez-vous !

Félix Faure-Midable
http://www.auteur.ws

Ce qu'il faut lire

Comme son nom l'indique, il s'agit dans cette modeste contribution de mettre le nez des hommes politiques français dans leurs indisponibles. Puisse la couverture être comprise !
Pour les informations, je vous dresse une petite liste de livres numériques à lire, publiés chez le même éditeur. Ce qui tombe bien, n'est-ce pas !

Ce qu'il faut lire pour comprendre ce dossier, ces liaisons intolérables à l'heure de la révolution numérique :

- *Écrivains, réveillez-vous ! - La loi 2012-287 du 1er mars 2012 et autres somnifères* de Stéphane Ternoise. Pour comprendre cette loi et la manière la meilleure de réagir.

- *Ya basta Aurélie Filippetti ! - Ça suffit Aurélie Filippetti Ministre de la Culture en contrat avec un éditeur traditionnel* de Stéphane Ternoise.

Aurélie Filippetti peut-elle rester ministre de la Culture alors qu'elle se revendique "auteur Hachette", donc auteur Lagardère   ?

Où commence le conflit d'intérêts ?

Oui, ça suffit... Aurélie Filippetti ! Il serait temps que monsieur François Hollande vous demande de démissionner.

En cette période de révolution numérique, le ministère de

la Culture a besoin d'une personnalité impartiale, libre et indépendante, qui n'essayera pas par tous les moyens de maintenir les écrivains dans le giron des éditeurs.

Ça suffit, cette politique d'une oligarchie pour l'oligarchie.
Ça suffit, le changement c'est la continuité.

Ça suffit, la réunion de quelques notables à la table des éditeurs pour prétendre à une concertation avec les écrivains.

- *Contrairement à Gérard Depardieu, dois-je quitter la France ? Exil littéraire au Burkina Faso pour les écrivains ?* - *Les conséquences des politiques d'Aurélie Filippetti, Martin Malvy, Gérard Miquel, François Hollande et les autres* de Stéphane Ternoise

- *Copie privée, droit de prêt en bibliothèque : vous payez, nous ne touchons pas un centime - Quand la France organise la marginalisation des écrivains indépendants* de Stéphane Ternoise.

- *Quand Martin Malvy publie un livre : questions de déontologie* de Stéphane Ternoise. Enquête en région Midi-Pyrénées au pays de la *dépêche du Midi* et la famille Malvy... Au pays du Centre Régional des Lettres et de ses subventions.

En images

Jacques Chirac

1 **Discours pour la France à l'heure du choix / Jacques Chirac**
Auteur : Jacques Chirac
Editeur : Stock
Date d'édition : 1978

2 **La France pour tous / Jacques Chirac**
Auteur : Jacques Chirac
Editeur : Nil éd.
Date d'édition : 1994

Discours pour la France à l'heure du choix
Stock
1978

La France pour tous
Nil éd.
1994

Jean-Marc Ayrault

Les présidentielles en questions : travail, nation, pouvoir, lien social, Europe, citoyens

Siloë
1995
71 p.
Collection : *De circonstance* - ISBN : 2-908924-70-6

Jean-Marc Ayrault figure également en "Préfacier" de
"*Naître et renaître, mille ans d'histoire : Saint-Herblain*"
de Marie-Dominique Pot publié chez ACL en 1986.

Lionel Jospin

1995-2000 : propositions pour la France
Stock
1995
122 pages - ISBN : 2-234-04497-9

1 **1995-2000 : propositions pour la France / Lionel Jospin**

Auteur(s) : Lionel Jospin
Éditeur(s) : Stock
Date d'édition : 1995
Description : 122 p.
ISBN : 2-234-04497-9
Autre(s) titre(s) : Propositions pour la France
Catalogue BnF : http://catalogue.bnf.fr/ark:/12148/cb35763624w

Alain Juppé

1 **Entre nous / Alain Juppé**

Auteur : Alain Juppé
Éditeur : Nil éd.
Date d'édition : 1996

2 **Montesquieu : le moderne / Alain Juppé**

Auteur : Alain Juppé
Éditeur : Perrin
Date d'édition : 1999

Entre nous
Nil éd.
1996

Montesquieu : le moderne
Éditeur(s) : Perrin ; Grasset
1999

15

Édouard Balladur

1 **Je crois en l'Homme plus qu'en l'État / Édouard Balladur**

Auteur : Édouard Balladur
Éditeur : Flammarion
Date d'édition : 1987

2 **L'action pour la réforme : textes et discours / Edouard Balladur**

Auteur : Édouard Balladur
Éditeur : Librairie générale française
Date d'édition : 1995

3 **Deux ans à Matignon / Édouard Balladur**

Auteur : Édouard Balladur
Éditeur : Plon
Date d'édition : 1995

4 **Caractère de la France / Édouard Balladur**

Auteur : Édouard Balladur
Éditeur : Plon
Date d'édition : 1997

5 **L'arbre de mai : chronique alternée / Edouard Balladur**

Auteur : Édouard Balladur
Éditeur : Plon
Date d'édition : 1998

Je crois en l'Homme plus qu'en l'État
Flammarion - 1987

L'action pour la réforme : textes et discours
Librairie générale française - 1995

Deux ans à Matignon
Plon - 1995

Caractère de la France
Plon - 1997

L'arbre de mai : chronique alternée Plon - 1998

L'avenir de la différence Plon - 1999

La mondialisation, l'euro et le système monétaire mondial : une économie mondialisée peut-elle fonctionner durablement sans monnaie mondiale ?
Institut français des relations internationales - 2000

Renaissance de la droite : pour une alternance décomplexée
Plon - 2000
Dommage dans ce cas, sûrement, que les livres suivants ne soient pas éligibles !

17

Michel Rocard

À l'épreuve des faits : textes politiques, 1979-1985
Éd. du Seuil - 1986

L'Inflation au coeur
Gallimard - 1975

Parler vrai : textes politiques
Éditions du Seuil - 1979

Propositions pour sortir de la crise...
Éditions du Cerf : Delta - 1974

Frédéric Mitterrand

Monte-Carlo / texte, Frédéric Mitterand
Assouline
1993

On remarquera la présence d'un seul « r » à Mitterrand.

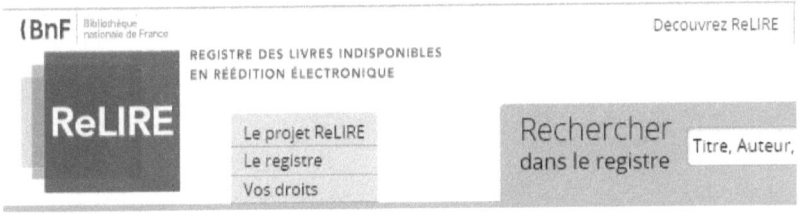

Classé auteur mais ne constituant pas le soixante-dixième de ce livre : François Mitterrand

1 **Pensées, répliques et anecdotes / François Mitterrand ; choisies et présentées par Michel Charasse**

Auteur(s) : François Mitterrand (année de décès : 1996)
Autre(s) Auteur(s) : Michel Charasse. Éditeur scientifique
Éditeur(s) : Éd. J'ai lu
Date d'édition : 2000
Description : 221 p. ; couv. ill. en coul.
Collection : J'ai lu ; humour ; tome 5515
ISBN : 2-290-30173-6
Catalogue BnF : http://catalogue.bnf.fr/ark:/12148/cb37644092n

Liste avec œuvres :

Pierre Mauroy

Héritiers de l'avenir
Stock - 1977

C'est ici le chemin
Flammarion - 1982

À gauche
A. Michel - 1985

Raymond Barre

Une Politique pour l'avenir
Plon - 1981

Réflexions pour demain
Hachette - 1984

Au tournant du siècle : principes et objectifs de politique étrangère
Plon - 1987

Pierre Messmer

Les écrits militaires de Charles de Gaulle : essai d'analyse thématique
Presses universitaires de France - 1985

Jacques Chaban-Delmas

L'Ardeur
Stock - 1975

La Libération
" Paris-Match " - 1984

Les Compagnons
A. Michel - 198
Oui, il est spécifié : « *Date d'édition : 198* » Sans préciser
si c'était après ou avant JC. Il est vrai que pour 124999
euros, Electre, où les écrivains indépendants n'ont jamais
été les bienvenus, ne pouvait quand même pas vérifier ses
informations ! S'il s'agit d'un simple listage de base, c'est
cher pour un programme informatique ! Mais bon, tant que
la bête est grasse il faut se nourrir dessus...

La Dame d'Aquitaine
Ed. J'ai lu - 1988

Montaigne
M. Lafon - 1992

Maurice Couve de Murville

Le Monde en face
Plon - 1989

Vincent Auriol

Journal du septennat
A. Colin

Dont six versions sont répertoriées (exemple "*établie par Edmond Mouret et Jean-Pierre Azéma ; introduite et annotée par Jean-Pierre Azéma*")

Alexandre Millerand

Seul réel représentant de la troisième république
Président de 1920 à 1924, décédé en 1943

La guerre libératrice
A. Colin
1918

Le gouvernement Balladur (1986 - 1988)

Dans le gouvernement Balladur, les plumes furent nombreuses... les indisponibles également !
Je suis néanmoins surpris de ne pas y retrouver Charles Pasqua. Peut-être un choix politique chez Electre !

En plus d'Alain Juppé alors Ministre des Affaires étrangères : François Léotard, Pierre Méhaignerie, Gérard Longuet, Bernard Debré, Alain Madelin, Michel Barnier, Philippe Douste-Blazy, Michel Roussin, Edmond Alphandéry, Michel Giraud, Jacques Toubon, Daniel Hoeffel, Philippe Mestre.

Il existe bien un Jean Puech chez les indisponibles mais ce n'est pas l'inoubliable Ministre de l'Agriculture et de la Pêche.

Daniel Hoeffel

En trois points et quelques autres
la Nuée bleue - 1999

Philippe Douste-Blazy

Pour sauver nos retraites
Plon - 1998

Philippe Mestre

Qui publia des romans, ce qui est signalé...

Demain, rue Saint-Nicaise
R. Laffont - 1990

Devant douze fusils
Éd. France-Empire - 2000

Bernard Debré

Le retour du Mwami : la vraie histoire des génocides rwandais
Ramsay - 1998

L'illusion humanitaire
Plon - 1997

Michel Roussin

Afrique majeure
Éd. France-Empire - 1997

Michel Barnier

Vive la politique !
Stock - 1985

Vers une mer inconnue
Hachette - 1994

Jacques Toubon

Pour en finir avec la peur
R. Laffont - 1984

Michel Giraud

Histoires de communes
France-Empire
1996
J'apprends ainsi que Michel Giraud alors Ministre du Travail, de l'Emploi et de la Formation professionnelle est décédé en 2011. Je l'ignorais, oui. Je ne l'ai pas vu passer. Pourtant je surveille les entrées...

Alain Madelin

Pour libérer l'école : l'enseignement à la carte
R. Laffont - 1984

Le droit du plus faible
R. Laffont - 1999

Chers compatriotes
J.-C. Lattès - 1994

Gérard Longuet

L'espoir industriel
Éd. France-Empire - 1995

François Léotard

Pendant la crise, le spectacle continue
P. Belfond - 1989

Ma liberté
Plon
1995

Les chemins de printemps
A. Michel
1988

Place de la République
R. Laffont
1992

Edmond Alphandéry

1986, le piège
Albin Michel - 1985

Pierre Méhaignerie

Aux Français qui ne veulent plus être gouvernés de haut :
pour une société de considération
Plon - 1995

Gouvernement Jean-Marc Ayrault (2012 - 2013 ; il faut prendre des risques !)

Laurent Fabius est "simplement" crédité de préfaces dans cette base.

Pierre Moscovici

L'urgence : plaidoyer pour une autre politique
Plon - 1997

Au coeur de l'Europe : entretiens avec Henri de Bresson
le Pré aux clercs - 1999

Non il n'est pas seul avec son Premier ministre préféré : Marisol Touraine les accompagne dans cette pièce avec *Le bouleversement du monde : géopolitique du XXIe siècle* au Seuil en 1995. Mais ce livre s'est concentré sur les hommes... Pour une question de titre déjà long ainsi !

Gouvernement Pierre Bérégovoy

(2 avril 1992 - 29 mars 1993 ; qui se souvient de François Mitterrand hésitant à virer Édith Cresson un 1er avril ?)

Avant Balladur Edouard, il y eut le gouvernement Pierre Bérégovoy, absent chez les indisponibles mais "remplacé" par 18 de ses ministres ou secrétaires d'état (dont femmes : Marie-Noëlle Lienemann, Élisabeth Guigou, Martine Aubry, qui m'excuseront).
Je suis surpris par l'absence de Jack Lang alors Ministre de l'Éducation nationale et de la Culture.
Mais : Roland Dumas, André Laignel, Georges Sarre, Jean-Noël Jeanneney, Michel Gillibert, Bernard Kouchner, Louis Mexandeau, Jean-Michel Baylet, Bernard Tapie, Paul Quilès, Jean-Louis Bianco, Louis Mermaz, Jean-Pierre Soisson, René Teulade, Émile Biasini.

Jean-Noël Jeanneney

Le "Monde" de Beuve-Méry ou le Métier d'Alceste
Éditions du Seuil - 1979

Michel Gillibert

Rien passionnément
Éd. n° 1 - 1987
Michel Gillibert (année de décès : 2004)

28

Georges Sarre

Ce que Paris nous dit
Éd. de l'Aube - 1995

Émile Biasini

L'Afrique et nous
ÉO. Jacob - 1998

Émile Biasini est décédé en 2011 ! Comme quoi cette base sert parfois à apprendre la mort de personne qu'on n'a jamais su vivantes !
(il était secrétaire d'État Chargé des Grands travaux)

André Laignel

À la force des idées : pour un renouveau socialiste
R. Laffont - 1987

Louis Mexandeau

Les Capétiens
Marabout - 1987

Jean-Michel Baylet

La Nouvelle alliance : pour un grand parti démocrate à la française - R. Laffont - 1985

29

Bernard Tapie

Gagner
Laffont - 1986
Librairie générale française - 1987

De l'énergie pour l'Europe
Les Ed. radicales - 1994

Des yeux trop grands
Plon - 2000
et Éd. de la Seine - 2002

Bernard Kouchner

L'Île de Lumière
Ramsay - 1980
et Presses pocket - 1989

Charité business
le Pré aux clercs - 1986

Jean-Pierre Soisson

Mémoires d'ouverture
P. Belfond - 1990

Politique en jachère : octobre 1992-avril 1993
Albin Michel - 1993

René Teulade

*La Mutualité française : un idéal pour 25 millions
d'hommes et de femmes*
Ramsay - 1984

Louis Mermaz

L'Autre volonté
R. Laffont - 1984

Madame de Maintenon ou l'Amour dévot
J'ai lu - 1985

Un Amour de Baudelaire : Madame Sabatier
J'ai lu - 1985

Jean-Louis Bianco

Trans-Europe express
Plon - 1992

Le fil et la pelote : mémoires
Plon - 1996

Paul Quilès

La Politique n'est pas ce que vous croyez
R. Laffont - 1985

Roland Dumas

Le fil et la pelote : mémoires
Plon
1996

Gouvernement Michel Rocard (23 juin 1988 - 15 mai 1991)

Maurice Faure

D'une République à l'autre : entretiens sur l'histoire et sur la politique
Plon - 1999

Brice Lalonde

Sur la vague verte
R. Laffont - 1981

Jean Poperen

Le Nouveau contrat socialiste : socialistes et liberté
Ramsay - 1985
Jean Poperen (année de décès : 1997)

Jean-Pierre Chevènement

Le Vieux, la crise, le neuf
Flammarion - 1974 et 1977

Le temps des citoyens
Ed. du Rocher - 1993

France Allemagne, parlons franc
Plon - 1996

La République contre les bien-pensants
Plon - 1999

Être socialiste aujourd'hui
Éditions Cana - 1979

Alain Decaux

Nouveaux dossiers secrets de l'histoire : Rudolf Hess, Cicéron, Pétain, Mussolini, Hitler, Bormann
Presses pocket - 1981

1944...
Perrin - 1993

Monaco et ses princes : sept siècles d'histoire
Perrin - 1996

et d'autres...

François Doubin

Pour en finir avec le meilleur des mondes
Hachette - 1995

Léon Schwartzenberg

Doubles vies
Stock - 1997

Léon Schwartzenberg fut ministre délégué à la Santé durant 9 jours, du 29 juin au 7 juillet 1988. Il dut démissionner du gouvernement de Michel Rocard pour avoir parlé publiquement d'un dépistage systématique du sida chez les femmes enceintes... eh oui ! Avoir raison trop tôt...
Lui furent également reprochées ses positions pourtant précédemment connues sur la lutte contre la drogue, sa préférence pour une légalisation, une mise en vente libre sous le contrôle de l'État (sujet toujours polémique sur la meilleure façon de briser les trafics)

Lionel Stoleru

L'Équilibre et la croissance économiques : gérer la croissance douce
Dunod - 1978

L'Alternance tranquille
Flammarion - 1985

L'économie : comprendre l'avenir
Dunod - 1999

Gouvernement Alain Juppé 17 mai 1995 - 7 novembre 1995

Jacques Toubon, Alain Madelin sont déjà répertoriés...

Philippe Vasseur

Le Chômage, c'est les autres
P. Belfond - 1985

La Droite la plus bête du monde ?
P. Belfond - 1988

Charles Millon

La tentation du conservatisme
Belfond - 1995

L'Extravagante histoire des nationalisations
Plon - 1984

Jean-Louis Debré

En mon for intérieur
J.-C. Lattès - 1997

Pièges
R. Laffont - 1998

Le gaullisme n'est pas une nostalgie
R. Laffont - 1999

Les magistrats
Perrin - 1980

Jean Arthuis

Dans les coulisses de Bercy : le cinquième pouvoir
A. Michel - 1998

Pierre-André Périssol

En mal de toit
l'Archipel - 1995

Guy Drut

J'ai deux mots à vous dire
Plon - 1997

Jacques Godfrain
L'Afrique, notre avenir
M. Lafon - 1998

François Baroin

Chronique d'une différence : François Baroin, Julien Dray / [entretiens réalisés par Pierre Doncieux]
Éd. N ° 1 - 1998

Xavier Emmanuelli

Médecine et secours d'urgence
PUF - 1979

L'homme n'est pas la mesure de l'homme
Presses de la Renaissance 1998
Pocket 2000

Les prédateurs de l'action humanitaire
Albin Michel - 1991

Moriturus
Denoël - 1971

Gouvernements François Fillon 17 mai 2007 - 10 mai 2012

Alain Juppé et Michèle Alliot-Marie, ses ministres d'Etat, François Baroin, Gérard Longuet, François Baroin, Bernard Kouchner, Michel Barnier déjà rencontrés... et Frédéric Mitterand visualisé.

Xavier Darcos

L'art d'apprendre à ignorer
Plon - 2000

André Santini

De tabou à boutade : le véritable dictionnaire du politiquement correct
M. Lafon - 1996

Patrick Devedjian

Penser la droite
Plon - 1999

Hervé Novelli

Aider les PME : défis et réalités
Les Éd. d'Organisation - 1994

Christian Blanc

Le lièvre et la tortue : les atouts inattendus des Français
Plon - 1994

Christian Estrosi

La décadence du socialisme
Éd. du Rocher - 1992

Pierre Lellouche

Légitime défense
P. Banon - 1996
(avec une préface de Charles Millon)

Benoist Apparu

François Mitterrand, 1981-1995
l'Archer - 1999

Le soixante-neuvième

J'aurais naturellement pu consulter les gouvernements Barre, Pompidou... je ne doute pas d'alors avoir facilement dépassé la centaine. Mais recherche inutile. L'essentiel est visible : les liaisons étroites...

Le premier ministre de la Culture de notre histoire : André Malraux. Aussi surprenant que cela puisse paraître, l'une de ses œuvres est indisponible : *Les réalités et les comédies du monde,* publiée en 1996 par l'Herne. André Malraux est décédé en 1976. Ce qui méritait bien une copie d'écran.

Non précisé par « *Relire* » : ce texte fut précédemment publié par "L'APPEL" le 1 janvier 1975.

Sous l'intitulé "*un inédit de MALRAUX.*"

Edition qui ne semble de même plus disponible mais devrait être signalée...

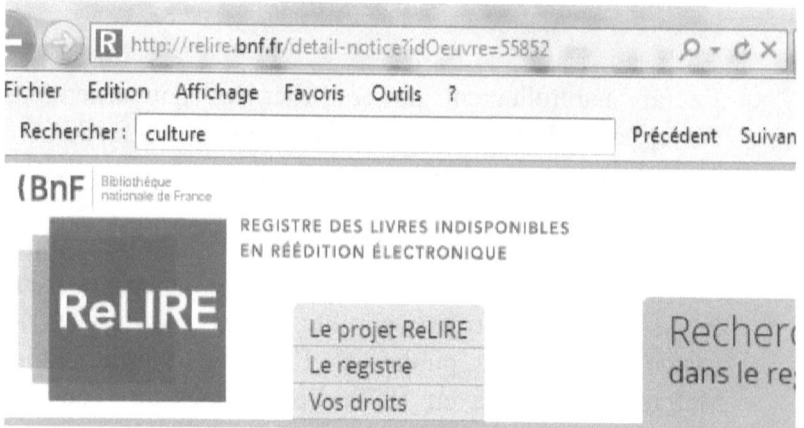

(BnF Bibliothèque
      nationale de France

REGISTRE DES LIVRES INDISPONIBLES
EN RÉÉDITION ÉLECTRONIQUE

ReLIRE

Le projet ReLIRE
Le registre
Vos droits

Recher
dans le re

◀ Retour aux résultats de recherche

Les réalités et les comédies du monde / André Malraux

1 édition recensée pour cette œuvre

1   **Les réalités et les comédies du monde / André Malraux**

Auteur(s) : André Malraux (année de décès : 1976)
Éditeur(s) : l'Herne
Date d'édition : 1996
Description : 74 p. ; couv. ill.
Collection : Collection Confidences
ISBN : 2-85197-337-1
Catalogue BnF : http://catalogue.bnf.fr/ark:/12148/cb36694721z

Finalement, conclure sur *Les réalités et les comédies du monde*, dénote une certaine logique de l'auteur.

Jacques Chirac, Jean-Marc Ayrault, Lionel Jospin, Alain Juppé, Édouard Balladur, Michel Rocard, Frédéric Mitterrand, Pierre Mauroy, Raymond Barre, Pierre Messmer, Jacques Chaban-Delmas, Maurice Couve de Murville, Vincent Auriol, Alexandre Millerand, Daniel Hoeffel, Philippe Douste-Blazy, Philippe Mestre, Michel Roussin, Bernard Debré, Jacques Toubon, Michel Barnier, Michel Giraud, Pierre Méhaignerie, Gérard Longuet, Alain Madelin, Edmond Alphandéry, François Léotard, Pierre Moscovici, Michel Gillibert, Jean-Noël Jeanneney, Georges Sarre, Émile Biasini, André Laignel, Louis Mexandeau, Jean-Michel Baylet, Bernard Kouchner, Bernard Tapie, Louis Mermaz, Jean-Pierre Soisson, René Teulade, Paul Quilès, Jean-Louis Bianco, Roland Dumas, Maurice Faure, Brice Lalonde, Jean Poperen, Jean-Pierre Chevènement, Alain Decaux, François Doubin, Léon Schwartzenberg, Lionel Stoleru, Philippe Vasseur, Charles Millon, Jean-Louis Debré, Jean Arthuis, Pierre-André Périssol, Guy Drut, Jacques Godfrain, Xavier Emmanuelli, François Baroin, Xavier Darcos, André Santini, Patrick Devedjian, Hervé Novelli, Christian Blanc, Christian Estrosi, Pierre Lellouche, Benoist Apparu, André Malraux.

Vous êtes des indisponibles ! Honte à vous ! Il n'y a rien de pire pour un auteur que de subir de son éditeur cette offense ! Etre édité et envoyé au pilon ! (ou ne pas avoir été réimprimé ?) Vous avez joué le jeu des éditeurs et vous avez perdu ! Honte surmultipliée à ceux qui parmi vous ont voté la loi sur la copie privée et celle du prêt en bibliothèque (exclusion des indépendants). Vos lois méprisent les indépendants, donc je n'hésite pas à vous mettre le nez dans vos indisponibles.

Vous pouvez lire « *Le pilon, ce que nous en savons* », sous-titré « *Des millions de livres détruits sur ordre des éditeurs* » de Thomas de Terneuve. Et les livres signés Stéphane Ternoise pour mieux comprendre les conséquences de vos politiques. Et si vous croisez monsieur Martin Malvy, parlez-lui de sa politique du Livre…

Femme du monde... des lettres et de la politique

Quelques femmes auraient mérité mes honneurs. Ne croyez pas qu'elles soient ignorées des éditeurs. Quand elles parviennent aux responsabilités, elles accèdent aux justes récompenses éditoriales. De Michèle Alliot-Marie, j'aurais aimé lire dans le train "*La Décision politique : attention ! une République peut en cacher une autre*". *Être femme en politique* d'Élisabeth Guigou fut également incroyablement abandonné par son éditeur. Roselyne Bachelot-Narquin rédigea sûrement un excellent « *Le PACS entre haine et amour* » et Christine Boutin brillait sans doute dans « *Les larmes de la République* », comme bien des œuvres d'hommes publiés chez l'accueillante maison Plon. Je n'oublie pas Edwige Avice, Marie-Noëlle Lienemann et ma chère Martine Aubry...

Des titres...

Question de pondre de fabuleux titres, il n'est pas besoin d'être Premier ministre pour trouver des expressions savoureuses toujours actuelles même quand l'éditeur a décidé de vous passer au pilon : La Politique n'est pas ce que vous croyez. L'art d'apprendre à ignorer. La Droite la plus bête du monde ? Pendant la crise, le spectacle continue. La décadence du socialisme. Le temps des citoyens. Être socialiste aujourd'hui. Ma liberté. Pour en finir avec la peur. Vers une mer inconnue. Vive la politique !

Et c'est à Jean-Louis Debré que nous devons "Pièges." Les écrivains y sont tombés.

Quant à "Légitime défense" de Pierre Lellouche, il peut justifier aux yeux des sceptiques cette publication iconoclaste.

« ReLIRE vous donne accès à une première liste de 60 000 livres indisponibles du 20ème siècle : des livres sous droits d'auteur, publiés en France avant le 1er janvier 2001, et qui ne sont plus commercialisés... »

Finalement, ils sont cons, ces politiques, ils votent des lois pour se faire montrer du doigt ! Je sais bien, je serais peut-être le seul à l'oser...

Mentions légales

Tous droits de traduction, de reproduction, d'utilisation, d'interprétation et d'adaptation réservés pour tous pays, pour toutes planètes, pour tous univers.

Site officiel : http://www.auteur.ws

Chez le même éditeur, les livres essentiels : http://www.utopie.pro

Dépôt légal à la publication au format ebook du 11 avril 2013.

ISBN-13: 978-1505474091
ISBN-10: 1505474094
Imprimé par CreateSpace, An Amazon.com Company pour le compte de l'auteur-éditeur indépendant.
livrepapier.com

www.ingramcontent.com/pod-product-compliance
Lightning Source LLC
Chambersburg PA
CBHW030545290526
45786CB00004B/1871